中国少年儿童科学普及阅读文库

探索·科学百科™
中阶

古希腊

3级D3

[澳]路易丝·帕克 ⊙著

陈祖龙(学乐·译言) ⊙译

Discovery
EDUCATION™

全国优秀出版社
全国百佳图书出版单位

广东教育出版社

广东省版权局著作权合同登记号

图字：19-2011-097号

本书原由 Weldon Owen Pty Ltd 以书名*DISCOVERY EDUCATION SERIES · Ancient Greece*

（ISBN 978-1-74252-189-3）出版，经由北京学乐图书有限公司取得中文简体字版权，授权广东教育出版社仅在中国内地出版发行。

图书在版编目（CIP）数据

Discovery Education探索·科学百科. 中阶. 3级. D3，古希腊/[澳]路易丝·帕克著；陈祖龙（学乐·译言）译. —广州：广东教育出版社，2014.1

（中国少年儿童科学普及阅读文库）

ISBN 978-7-5406-9358-9

Ⅰ.①D… Ⅱ.①路… ②陈… Ⅲ.①科学知识－科普读物 ②古希腊－历史－少儿读物 Ⅳ.①Z228.1 ②K125-49

中国版本图书馆 CIP 数据核字(2012)第159230号

Discovery Education探索·科学百科（中阶）
3级D3 古希腊

著 [澳]路易丝·帕克 译 陈祖龙（学乐·译言）

责任编辑 张宏宇 李 玲 丘雪莹 **助理编辑** 李倩倩 于银丽 **装帧设计** 李开福 袁 尹

出版 广东教育出版社

地址：广州市环市东路472号12-15楼 邮编：510075 网址：http://www.gjs.cn

经销 广东新华发行集团股份有限公司 **印刷** 北京顺诚彩色印刷有限公司

开本 170毫米×220毫米 16开 **印张** 2 **字数** 25.5千字

版次 2016年5月第1版 第2次印刷 **装别** 平装

ISBN 978-7-5406-9358-9 定价 8.00元

内容及质量服务 广东教育出版社 北京综合出版中心

电话 010-68910906 68910806 网址 http://www.scholarjoy.com

质量监督电话 010-68910906 020-87613102 **购书咨询电话** 020-87621848 010-68910906

Discovery Education 探索·科学百科（中阶）

3级D3 古希腊

全国优秀出版社
全国百佳图书出版单位　　广东教育出版社　学乐

目录 | Contents

马 其 顿

奥林匹斯山 ●

爱 奥 尼 亚 海

温泉关 ●

德尔斐 ●

底比斯

● 奥林匹亚

● 斯巴达

古希腊人是什么人？

在 青铜时代，公元前约 3200 年，米诺斯文明在克里特岛发源，古希腊世界逐渐形成。在接下来的数百年里，希腊人不断扩张其在希腊半岛上的领地，部分领地是现代希腊、土耳其及意大利的国土。希腊人发展出城邦国家，它们虽然是城市，却如同独立王国一样运作，靠农业满足自己的需求。尽管这些城邦住的都是希腊人，但彼此之间常有摩擦，有时甚至兵戎相见。

经过一个被称为"黑暗时代"的战乱和外族入侵时期后，古希腊文化进入黄金发展期，这段时期大部分处于希腊的古典时代和希腊化时代。在这段时期，希腊建立了民主制度，哲学得到蓬勃发展。

爱 琴 海

特洛伊

小 亚 细 亚

以弗所

马拉松
雅典

锡克拉底斯

地 中 海

罗德岛

爱琴海

　　爱琴海是希腊的海湾，是贸易的重要场所。然而它浅礁众多，小岛遍布，使得航行危险重重，但也是防御的天然屏障。

克诺索斯

克 里 特

古希腊的不同时期

古希腊文明发端于希腊大陆的几个中心区域以及附近岛屿上。这些文明多数被人们称为"青铜时代"文明，因为这些文明发展出了青铜冶炼技术。

经过"黑暗时代"的冲突，希腊迈入繁荣期。此时一种全新的极具活力的文明开始发展，人们称之为"古典希腊"。古典时代的希腊人以大陆城邦为基础，在环地中海区域发展殖民地。这一时期的希腊是现代医学及科学的发源地，其艺术、戏剧、政治和哲学成就斐然。

壁画的细节

米诺斯王宫的墙上装饰有许多壁画。这些壁画描绘了日常生活、公共活动以及海生动物。

米诺斯王宫

克诺索斯的米诺斯王宫现在是克里特岛上的一处考古遗址。

时间线

新石器时代

公元前约6800年至公元前3200年，游牧者开始定居在希腊地区。他们为这个地区带来了农牧业及制陶工艺。

基克拉泽斯时代

约为公元前3200至公元前2300年。这一早期的青铜时代文明出现于基克拉泽斯群岛，此文明因其白色大理石雕塑而闻名（见右图）。

米诺斯时代

这个时期的文明发源于克里特岛，以久负盛名的米诺斯国王命名。公元前2500年至公元前1500年是其繁荣时期。

迈锡尼时代

于公元前1699至公元前1100年间形成。因迈锡尼王国而得名。其文化及建筑成就卓著。

黑暗时代

公元前1100至公元前800年间，很多希腊人因战事流离失所，四处逃亡。众多迈锡尼宫殿及城市被摧毁，再没有得到重建。

古风时代

公元前800年至公元前500年之间，雕塑师开始在石料或青铜上雕刻青年男女。

古典时代

古典时代是指公元前约500年至公元前约330年。这其间，希腊取得极大的文化及军事成就。每一位雅典公民均有权投票。

希腊化时代

约公元前330年至公元前30年间，希腊文化主导了中东及地中海的大部分地区。该时期也是亚历山大大帝的时代。

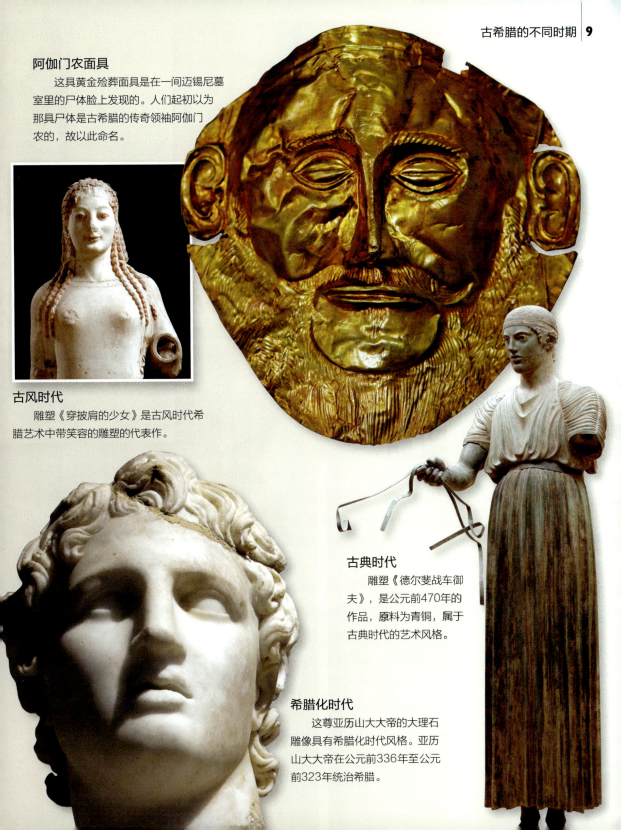

阿伽门农面具

这具黄金殓葬面具是在一间迈锡尼墓室里的尸体脸上发现的。人们起初以为那具尸体是古希腊的传奇领袖阿伽门农的，故以此命名。

古风时代

雕塑《穿披肩的少女》是古风时代希腊艺术中带笑容的雕塑的代表作。

古典时代

雕塑《德尔斐战车御夫》，是公元前470年的作品，原料为青铜，属于古典时代的艺术风格。

希腊化时代

这尊亚历山大大帝的大理石雕像具有希腊化时代风格。亚历山大大帝在公元前336年至公元前323年统治希腊。

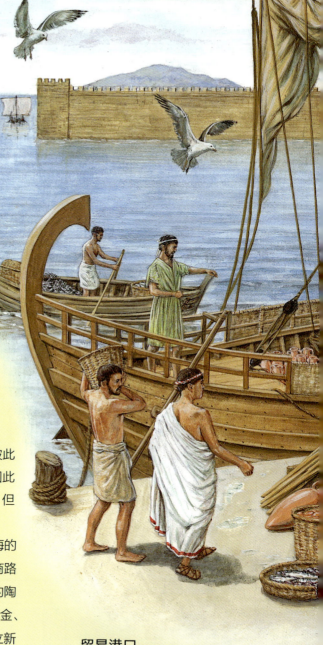

不断演变的货币

　　公元前约600年，希腊建立货币制度。早期的货币是由一种金银合金制成的，后来人们开始使用金币及银币。

亚历山大大帝

雅典娜

阿瑞梭莎

殖民地与贸易

　　古希腊殖民地因高山大海的自然屏障而彼此隔绝。每一个殖民地都须独立运作，因此它们逐渐形成一个个独立的城邦国家，但同时跟母城仍保持贸易往来。

　　希腊人在高山大海中开辟贸易通道，爱琴海的大部分区域都为希腊人所控制。环绕地中海的商路极大方便了希腊人与外邦人之间的贸易。希腊的陶器、铜、银、香料、橄榄油以及布匹可以交换黄金、宝石或其他珍贵物品。希腊人还借助地中海建立新城邦。至公元前六世纪，希腊殖民地已从小亚细亚延伸至意大利南部、西西里、北非以及法国与西班牙的海岸地带。

贸易港口

　　邻近雅典的比雷埃夫斯港在古典时期成为重要港口。从农作物到蜂蜜、银制品，任何东西都会在这里交易。希腊人的贸易范围还包括鱼。他们用盐来保存鱼。

图例
■希腊殖民地

欧洲

黑海

小亚细亚

地中海

爱琴海

非洲

殖民地之环

　　在被罗马帝国吞并之前，希腊的殖民地环绕整个爱琴海，并深入到小亚细亚内陆以及非洲。

家庭生活

大多数古希腊人居住在泥砖砌成的房屋里。这种房屋的地基是用岩石奠成的，屋顶用陶瓦铺成，而门是木制的。房屋有两三个房间，中心是天井式庭院，庭院里有祭坛。祭坛是希腊人向其神灵祈祷的地方。

大部分家庭拥有奴隶，负责清洁、下厨及采购的事务。女人在内主家务，男人在外赚家计。男人的职业有农民、渔夫、商人。男人在家接待宾客时，女人不得出厅堂迎客。富贵人家一般会购买很多奴隶替自己做家务，他们藐视需靠劳动来养活自己的人。

女人的房间

女人拥有自己专门的区域，来纺纱缝纫。

男人的房间

一家之主会在设有躺椅的房间接待朋友。

酿酒

人们采摘葡萄，放置于大桶内，然后用脚踩踏。踩出的葡萄汁留在桶内，发酵成酒。

你知道吗？

在古希腊，大部分工作是由奴隶完成的。他们被带去市场，供该地区的商人买卖。一些奴隶的父母也是奴隶。

双耳罐

双耳罐的特征是罐颈长，有两个把手，用于盛食物、酒及水。高度不等，矮的仅有30厘米，高的则达1.5米。有些双耳罐的表面有精心描绘的图案，用于重要的社会场合或庆典。

厨房

奴隶负责全家的伙食，他们在篝火上烧烤食物，在陶灶里烘烤面包。

房屋内部

木材并不充裕，所以大部分家庭只有精简的家具，例如桌椅、板凳、长椅及床。灯以油为燃料，提供照明。只有有钱人家才有洗澡间。

外出

女人大部分时间都留在家里。假如偶尔外出，她们会穿上自己最好的衬衣，佩戴最美的珠宝。

保暖

男人会戴帽子，或披上长袍来保暖。

男女衣着

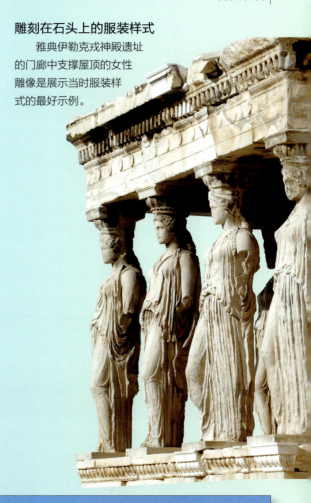

雕刻在石头上的服装样式
雅典伊勒克戎神殿遗址的门廊中支撑屋顶的女性雕像是展示当时服装样式的最好示例。

在古希腊，人们穿着用亚麻或羊毛制成的衣服。衣服设计得很简单，就用一块矩形的布覆盖住身体。大多数家庭自己制衣。妇女和女童把羊毛纺成精良的羊毛线，然后用鲜艳的颜料浸染这些毛线，用于纺织。

女性所穿的衬衣固定在肩膀处，下垂至膝盖，她们会在腰部或臀部束住衬衣。女性还会穿戴斗篷、披肩或围巾来保暖；而男人则穿着长及腿部的长袍。大多数人在家赤脚，出门时则穿上皮制的凉鞋或靴子。而奴隶和赤贫的希腊人有时除了一块遮羞布，别无他物可穿。

束身长袍样式

多立克样式束身长袍一般用羊毛制成，一部分折叠，在上身形成叠加，在双肩处用别针固定。爱奥尼样式则通常用亚麻或丝绸制成，在肩膀多处固定，形成一臂之长的衣袖。

多立克样式　　　　　爱奥尼样式

最早的民主

最早的城邦由一群富有的地主来统治。虽然这种模式能有效运作一段时间，但之后通常会出现一个人独揽大权的独裁局面。雅典人发展出一套政治制度——民主制度——来解决单个人或少数人统治的弊端。在这个制度下，每一位男性公民都有权过问城邦事务。公民不包括奴隶、女人及不在本城邦出生的男人，只有在本城邦出生的非奴隶身份的男人才能算作公民。

人们通过抽签选出 500 名公民组成议会，负责拟定新政策和法规，然后交由公民大会投票，决定是否通过。另外，城邦还设有陪审法庭，审讯并裁决囚犯。

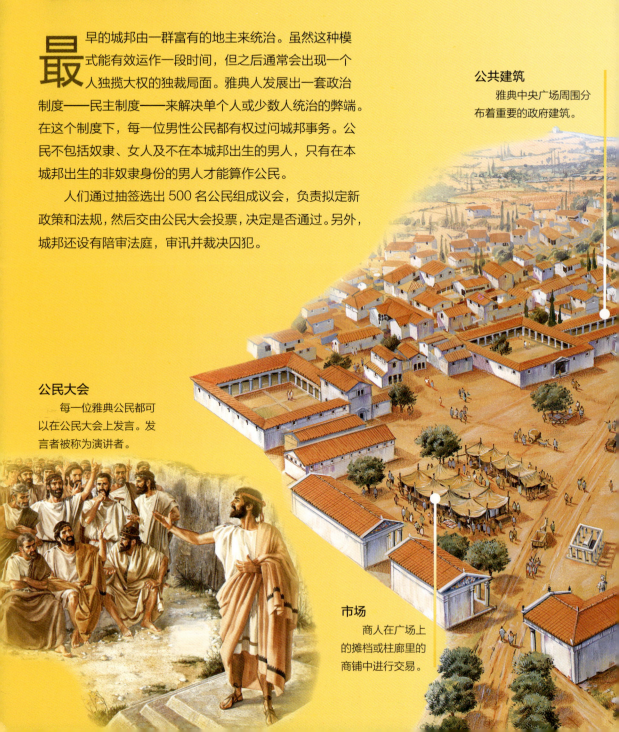

公共建筑
雅典中央广场周围分布着重要的政府建筑。

公民大会
每一位雅典公民都可以在公民大会上发言。发言者被称为演讲者。

市场
商人在广场上的摊档或柱廊里的商铺中进行交易。

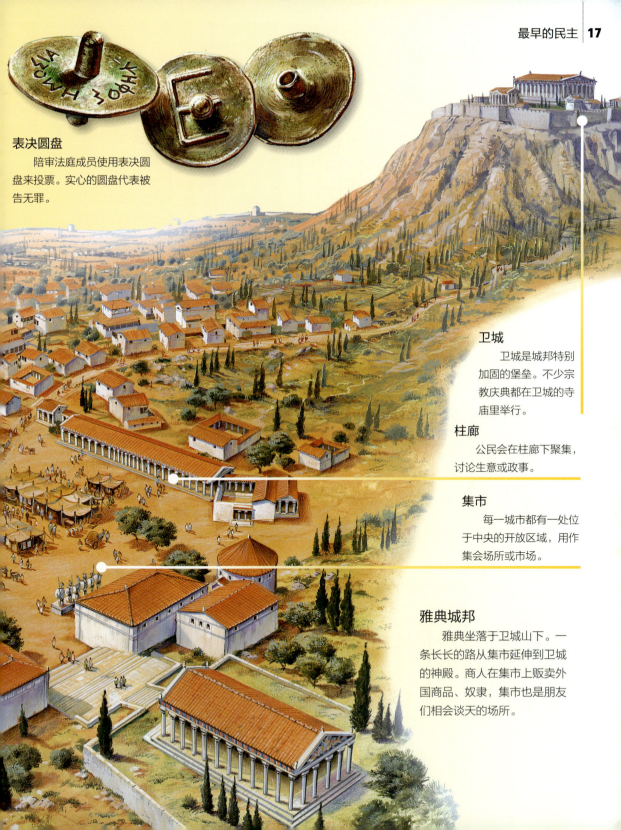

表决圆盘
陪审法庭成员使用表决圆盘来投票。实心的圆盘代表被告无罪。

卫城
卫城是城邦特别加固的堡垒。不少宗教庆典都在卫城的寺庙里举行。

柱廊
公民会在柱廊下聚集，讨论生意或政事。

集市
每一城市都有一处位于中央的开放区域，用作集会场所或市场。

雅典城邦
雅典坐落于卫城山下。一条长长的路从集市延伸到卫城的神殿。商人在集市上贩卖外国商品、奴隶，集市也是朋友们相会谈天的场所。

教育与学校

雅典的教育很发达，在有钱人家，男童接受教育尤为普遍。他们约从七岁起接受正式教育，学习读写，算术，之后还学哲学、逻辑及公开演讲。但对于贫穷或技工家庭的男童而言，接受教育便不如继承父亲的生计重要。男童到了十八岁，就要学着像战士一样去战斗。大部分女童学的是舞蹈和家务，不过也有富贵人家的女童学习基本的读写。

斯巴达的教育制度跟雅典很不一样。斯巴达男童七岁时就被从父母身边带走，到专门的训练营接受军事化教育。他们住在兵营，天天训练，一直到二十岁。而斯巴达女童则学习舞蹈及体操。斯巴达人相信，身体健壮且纪律严明，才能塑造优秀而强大的个体。

教导

导师捧着纸莎草卷教导学生。纸莎草纸的原料是一种芦苇。

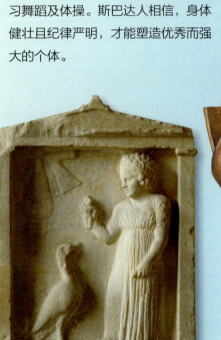

女孩守在家中

大多数女孩只学习怎样做家务。女人负责照看农田和主持家务，而男人则远赴战场。

ZΗΘΙΚΛΜΝΞΟΠΡΣΤΥΦΧΨΩ

希腊字母表

古希腊字母表有24个字母，通常用大写写法。

不可思议！

在斯巴达训练营，斯巴达人会故意不给男童饭吃，目的是让他们学会随机应变，甚至偷取食物以保证生存。另外，还会教导他们遵守纪律，保持健壮以及如何以军团形式作战。

音乐

被称为音律师的老师向学生传授音乐技能、唱歌以及弹奏里尔琴的方法。

记笔记

男孩们用尖头笔在涂着石蜡的小板上抄写笔记。

长诗

男孩所接受的教育中很重要的一部分便是长诗，长诗通常还有配乐伴奏。长诗是一种叙事形式，希腊许多的历史及传说就是通过它们流传下来的。

希腊诸神

古希腊人相信，在希腊半岛上的最高峰奥林匹斯山上，居住着众多神灵。在希腊人眼里，神灵除了拥有超自然力量并能长生不老外，其他方面跟凡人无异。

希腊人在自然界及生活的每一方面都有一位神。阿波罗让太阳每天东升西落；波塞冬掌管海洋及地震；宙斯乃诸神之王，他愤怒时会向地面投掷雷霆和闪电。每一座城邦也各有守护的天神。例如，智慧女神雅典娜是雅典的庇护者。

戏剧面具

演员在表演戏剧时，经常会套上面具。这些面具通常代表着某个神。

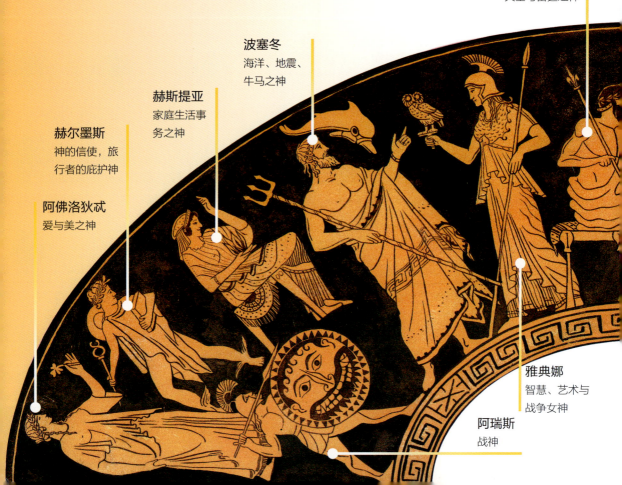

宙斯
天空与雷霆之神

波塞冬
海洋、地震、牛马之神

赫斯提亚
家庭生活事务之神

赫尔墨斯
神的信使，旅行者的庇护神

阿佛洛狄忒
爱与美之神

雅典娜
智慧、艺术与战争女神

阿瑞斯
战神

希腊神话

　　希腊人有许多关于自然现象和难以解释的事件的神话传说。当中很多是关于飞行的。希腊人认为这是神和精灵才拥有的技能。有一个故事，说一个名为柏勒洛丰的英雄，抓到了一匹名为柏伽索斯的飞马，乘着这匹飞马去杀死了一只三头怪物。

柏伽索斯

神灵崇拜

　　古希腊人努力取悦天神，以期得到神的保佑。他们会举行体育赛事、诗歌、戏剧及音乐等汇演来向神灵致敬。

阿波罗
太阳、音乐
与诗歌之神

阿蒂密斯
狩猎与月亮之
神；女孩的庇
护者

得墨忒耳
农业女神

赫拉
生育与婚姻女神

赫菲斯托斯
火神及工匠之神

战争

古希腊人常年征战。其实，希腊城邦之间相互讨伐是常事。城邦训练自由民，战时便依赖他们去拼杀。有时，城邦与城邦会联合，共同抗击外敌。

公元前 492 年，波斯帝国的军队首次入侵希腊，爱琴海沿岸及希腊半岛上的众多城邦共同抗击波斯，战事从公元前 492 年持续至公元前 449 年。后来，雅典与斯巴达联合，带领希腊人击退了波斯人。斯巴达擅长训练装甲步兵。这些步兵是全希腊最精锐、最有经验的士兵。公元前 431 年，斯巴达率领伯罗奔尼撒同盟对抗雅典，这场战争持续了27 年之久。

盔甲

士兵胸前披挂皮制或铜制的甲衣。他们还戴头盔，保护头部及面部。

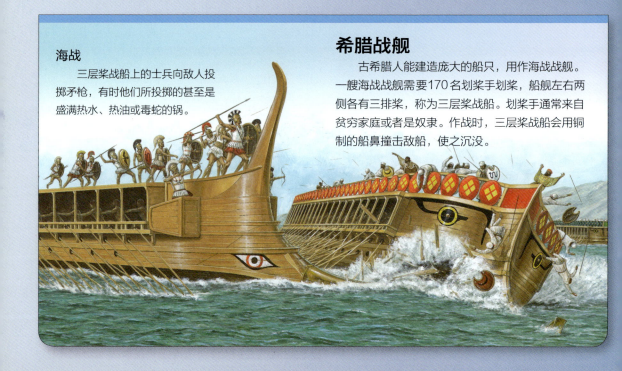

海战

三层桨战船上的士兵向敌人投掷矛枪，有时他们所投掷的甚至是盛满热水、热油或毒蛇的锅。

希腊战舰

古希腊人能建造庞大的船只，用作海战战舰。一艘海战战舰需要170 名划桨手划桨，船舰左右两侧各有三排桨，称为三层桨战船。划桨手通常来自贫穷家庭或者是奴隶。作战时，三层桨战船会用铜制的船鼻撞击敌船，使之沉没。

特洛伊木马

特洛伊战争从公元前1194年一直打到公元前1184年，最终希腊人运用计谋欺骗了特洛伊人，送给他们一个里面潜伏着众多希腊士兵的巨大木马，一举击败特洛伊。

你知道吗？

希罗多德在西方被称为"历史学之父"。他记录了希波战争的经过，并描述了地中海世界的历史。

🔍

不可思议！

在最开始的奥林匹克运动会中，运动员是赤裸上阵的，成年男子和男孩会到场观看。未出嫁的女子也可以来看，但已婚女子则禁止参与。

祭神赛事

为敬天神，希腊人会举办四项体育赛事，分别为：奥林匹克运动会、皮松运动会、地峡运动会以及尼米亚运动会。每隔四年的八月，奥林匹克运动会会在奥林匹亚城举行，以向诸神之王宙斯致敬。希腊人对待这些赛事的态度十分庄严，即便战时也会停战，以让赛事如常进行。

赛事观看者扎起帐篷，商人设置食物摊档，还有乐师戏子表演节目。运动员比试的项目有赛马、赛马车、赛跑、跳远、投掷铁饼和标枪、拳击、摔跤等。有一个项目叫自由搏击，是赛事中最激烈的。自由搏击融合了拳击和摔跤的内容，唯一的比赛规则是不准咬人或挖眼珠。赛事的赢家可获得棕榈枝、花环、橄榄油以及羊毛缎带。

女性赛事

每四年也会有一届女性参与的运动会，以向宙斯之妻赫拉致敬。参赛者分为四个年龄组，有赛跑等比赛项目。

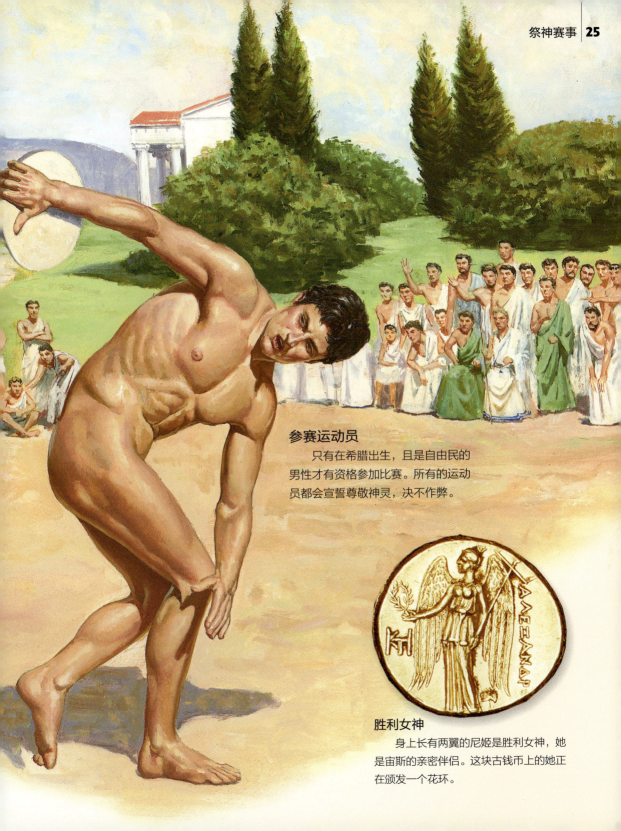

参赛运动员

　　只有在希腊出生，且是自由民的男性才有资格参加比赛。所有的运动员都会宣誓尊敬神灵，决不作弊。

胜利女神

　　身上长有两翼的尼姬是胜利女神，她是宙斯的亲密伴侣。这块古钱币上的她正在颁发一个花环。

古希腊人的遗产

古希腊文明对今天的戏剧、科学、建筑、音乐、医学、体育以及政治都有深刻影响：民主制度在多个西方国家中延续；希腊传统的祭神赛事保留至今——每四年举行一届奥林匹克运动会，全球各国都会参赛。

而苏格拉底与柏拉图哲学仍为人所教授，许多由希腊科学家及数学家率先发展的原理亦仍为人所用。希腊人也给予世界第一张带元音的字母表。古希腊人爱智尚思，看重学习、创造以及民主的生活。

哲学与数学

苏格拉底等哲学家教导希腊人审视正义、真理、勇气、公平及罪恶的含义。数学家欧几里得建立了几何学的基本原理，而哲学家兼数学家毕达哥拉斯则发现了计算圆周长的方法。

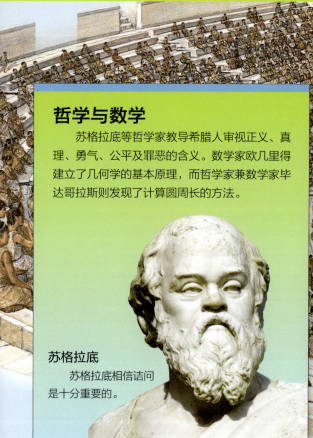

苏格拉底

苏格拉底相信诘问是十分重要的。

露天剧场

露天剧场是希腊戏剧表演的场所，其设计使声音能够从舞台传到剧院后面很远的位置。这种剧院设计方式至今仍在全世界被广泛使用。

不可思议！

苏格拉底的思想及教导令雅典城内的一些人感到紧张，他们最后将苏格拉底处以死刑。苏格拉底最后饮下毒药而亡。

古希腊名人

古希腊人重视艺术、科学以及数学的学习。这创造出一种鼓励探索、发明的氛围。很多希腊人在其专攻的领域内贡献卓越，拓展了该领域的知识。他们中不乏作家、哲学家、数学家、天文学家、科学家以及发明家，有的至今仍具有很高知名度。

战争也是古希腊文明的重要部分，因此，古希腊的历史上有不少著名的英雄与君王。

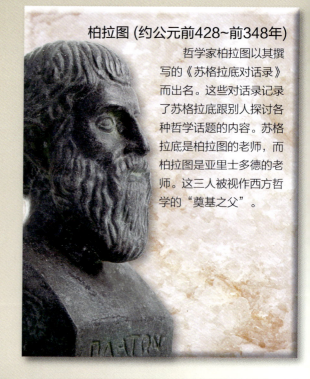

柏拉图 (约公元前428~前348年)

哲学家柏拉图以其撰写的《苏格拉底对话录》而出名。这些对话录记录了苏格拉底跟别人探讨各种哲学话题的内容。苏格拉底是柏拉图的老师，而柏拉图是亚里士多德的老师。这三人被视作西方哲学的"奠基之父"。

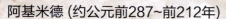

阿基米德 (约公元前287~前212年)

他发现了浮力原理，这条原理可以解释为何人浸入浴缸时浴缸的水面会上升。他还发明了以自己名字命名的螺旋提水器及投石机。

斯巴达王列奥尼达(卒于公元前480年)

在希波战争中，这位英勇的国王率领了300名斯巴达勇士，在温泉关抗击100万波斯大军。列奥尼达的事迹为希罗多德所记述，他也因此名垂千古。

亚里士多德 (公元前384~前322年)

亚里士多德的哲学关注伦理、逻辑及形而上学，直至今日，大学里仍开设其哲学课程。他是亚历山大大帝的老师。

索福克勒斯 (约公元前496~前406年)

索福克勒斯是著名的剧作家。其作品《俄狄浦斯王》和《安提戈涅》是希腊悲剧中的名作，现在的剧院里依旧有这些剧目的演出。

萨福 (约公元前610~前570年)

古希腊人和古罗马人认为萨福是其所生活的时代里最好的诗人之一。她主要创作情诗，其诗作只有很少一部分流传下来。

亚历山大大帝 (公元前356~前323年)

马其顿国王亚历山大三世，即亚历山大大帝，因足智多谋并建立了历史上最伟大的帝国之一而闻名。虽然他的帝国历史不长，但疆域极广，最远已达印度河上游地区。在其统治下，希腊文化得以向东方广泛传播，古希腊文明由此步入了又一个文化黄金发展期。

知识拓展

合金 (alloy)
　　一种通过融合两种或两种以上的金属元素而制成的金属。

卫城 (acropolis)
　　主导并保护城市的堡垒式建筑。

城邦 (city-states)
　　拥有独立主权，实行自治的城市和地区，不被其他政府管辖。

柱廊 (colonnades)
　　一长列的柱子与其所支撑的主体建筑物之间形成的行走通道。

商品 (commodities)
　　可用于买卖的产品。

民主制度 (democyacy)
　　公民中的多数人享有管理国家的权利的政治制度。

发酵 (ferment)
　　指有机物在微生物作用下进行分解的过程，常用于食品业，如酿酒，酿醋。

希腊悲剧 (greek tragedies)
　　在古希腊时期创作及表演的戏剧，主题严肃。

现象 (phenonmenon)
　　事物在发生、发展、变化的过程中所表现出的可被观察的种种迹象。

哲学 (philosophy)

　　对知识、观念及思想进行探究，以获得对世界的认识，从而形成的一套关于世界观的学说。

探索·科学百科™

Discovery EDUCATION™

世界科普百科类图文书领域最高专业技术质量的代表作

小学《科学》课拓展阅读辅助教材

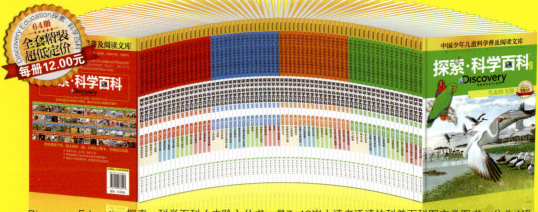

64册
全套精装
超低定价
每册12.00元

Discovery Education探索·科学百科（中阶）丛书，是7~12岁小读者适读的科普百科图文类图书，分为4级，每级16册，共64册。内容涵盖自然科学、社会科学、科学技术、人文历史等主题门类，每册为一个独立的内容主题。

Discovery Education
探索·科学百科（中阶）
1级套装（16册）
定价：192.00元

Discovery Education
探索·科学百科（中阶）
2级套装（16册）
定价：192.00元

Discovery Education
探索·科学百科（中阶）
3级套装（16册）
定价：192.00元

Discovery Education
探索·科学百科（中阶）
4级套装（16册）
定价：192.00元

Discovery Education
探索·科学百科（中阶）
1级分级分卷套装（4册）（共4卷）
每卷套装定价：48.00元

Discovery Education
探索·科学百科（中阶）
2级分级分卷套装（4册）（共4卷）
每卷套装定价：48.00元

Discovery Education
探索·科学百科（中阶）
3级分级分卷套装（4册）（共4卷）
每卷套装定价：48.00元

Discovery Education
探索·科学百科（中阶）
4级分级分卷套装（4册）（共4卷）
每卷套装定价：48.00元